Liebe Leserin,
lieber Leser!

Wenn Sie ein Fest planen, ist dies ein willkommener Anlass, den Tisch besonders einladend zu gestalten. Suchen Sie hierzu nach neuen Anregungen und Ideen? Überraschen Sie Ihre Gäste doch einmal mit fröhlichen Tontopf-Figürchen!
Die in diesem Band vorgestellten Ideen sind unterschiedlich einsetzbar. Die lustigen Clowns können Sie für eine Faschingsparty ebenso verwenden wie für einen Kindergeburtstag. Kleine Käferchen wünschen dem Geburtstagskind viel Glück oder gratulieren zum neu erworbenen Führerschein.
Für frisch Verliebte wird das romantische Candlelight-Dinner mit dem Mäusepärchen zu einem besonderen Anlass und später auf dem Hochzeitstisch tummelt sich neben dem Brautpaar eine ganze Mäuseschar. Selbstverständlich können Sie auch Ihr Buffet zu Halloween mit Geistern, Teufelchen und Fledermäusen gestalten: einfach gruselig schön!

Ich wünsche Ihnen viel Spaß beim Basteln Ihrer Tischdekoration!

Ihre

Petra Bauberger

Inhaltsverzeichnis

Decormatt
mat
mate
Marabu

Alles über Tontöpfe

• **Ton- oder Terrakottatöpfe** (ital. Terracotta = gebrannter Ton) gibt es in den verschiedensten Größen und Formen. Diese verschiedenen Arten von Tontöpfen erhalten Sie in Bastelgeschäften, in gut sortierten Baumärkten oder in Blumengeschäften. Hier finden Sie auch Keramiktöpfe, also gebrannte und glasierte Tontöpfe.
Tontöpfe sind als herkömmliche Blumentöpfe erhältlich, aber auch als schlanke, hohe Rosentöpfe, Halbtöpfe, bauchige Glockentöpfe, flache Untersetzer, spitz zulaufende oder kugelförmige Töpfe.
Mit den Blumen-, Rosen- und Glockentöpfen werden gerne die Körper der Tontopf-Figuren gebastelt. Halbtöpfe lassen sich zum Beispiel für Gesichter oder Arme verwenden. Untersetzer eignen sich für die Gestaltung von Kragen, Gesichtern, Pflanz- oder Trinkschalen. Die spitz zulaufenden Töpfe sehen als Schnäbel oder Hüte lustig aus. Kugelförmige Töpfe sind für Köpfe zu empfehlen.
Besonders beliebt sind Mini-Tontöpfchen. Diese sind sehr vielfältig einsetzbar und können für Körper, Arme, Beine, Ohren oder Nasen verwendet werden.
Für das Basteln von Tontopf-Figuren benötigen Sie neben den Tontöpfen folgende Materialien und Werkzeuge:

• Zum Verkleben der Tontöpfe miteinander und mit anderen Materialien sind **Kraft-** oder **Alleskleber**, **Silikonkleber**, **Montage-Acrylkleber**, **Holzleim** und **Heißkleber** geeignet. Überquellender Klebstoff lässt sich gut mit einem Wattestäbchen entfernen.

• Zu den notwendigen Hilfsmitteln gehören **Schere**, einfaches oder doppelseitiges **Klebeband**, **Nadeln** und **Holzstäbchen**. Als Köpfe, Nasen oder Hände eignen sich am besten Holz- und Styroporkugeln in verschiedenen Größen.

• Zum Verbinden der Arme und Beine mit dem Körper bietet sich **Bast** oder **Paketschnur** an. Mit Bast, den man in verschiedenen Farben kaufen kann, lassen sich auch Haare gut gestalten.

• Für Haare eignen sich außerdem **Hanf**, **Langhaar-Plüsch** oder **Engelshaar**.

• Mit Stoffresten, Draht, Filz, Perlen, Bändern, Knöpfen, Federn, Pappkarton, Moosgummi, Rupfen, Pfeifenputzern und künstlichen oder echten Blumen kann man die Figuren wunderbar verschönern.

• **Schleifen**, **Bänder** oder Ähnliches eignen sich zum Verdecken von unschönen Verbindungsstellen der Tontöpfe oder von Übergängen.

• Zum Bemalen der Tontöpfe bieten sich **Bastelfarben**, **Acrylfarben**, spezielle **Terrakottastifte** oder **Dekomarker** an. Beim Bemalen ist darauf zu achten, dass die Farbe mindestens zweimal aufgetragen werden muss, damit sie deckt.

Tipp: *Um den Tontöpfen nach dem Bemalen eine glänzende Oberfläche zu verleihen und um sie zusätzlich noch witterungsbeständiger zu machen, empfiehlt sich ein Überzug mit* **Marabu-Tontopflack**. *Tontopf-Figuren, die bepflanzt werden sollen, werden durch die Lackierung von innen resistenter gegen Feuchtigkeit.*

Große Tontopf-Übersicht

Arten	Bezeichnungen	Größen	Eignung
	Blumentopf	8 – 23 cm Ø	geeignet für Körper, Kopf, Hut, Klangspiel
	Rosentopf	7 – 22 cm Ø	geeignet für Körper
	runder Wandtopf	3 – 11 cm Ø	geeignet für Gesicht, Arme, Körper
	Glockentopf	9 – 17 cm Ø	geeignet für Körper, Klangspiel
	Untersetzer	6 – 21 cm Ø	geeignet für Kragen, Gesicht, Pflanz- und Trinkschalen
	spitzer Wandtopf	12 – 17 cm Ø	geeignet für Schnabel, Hut
	kugelförmiger Topf	5,5 cm Ø	geeignet für Köpfe
	Minitopf	1,5 – 6 cm Ø	geeignet für Körper, Arme, Beine, Ohren, Nasen

Tontopf-Mini mit Armen

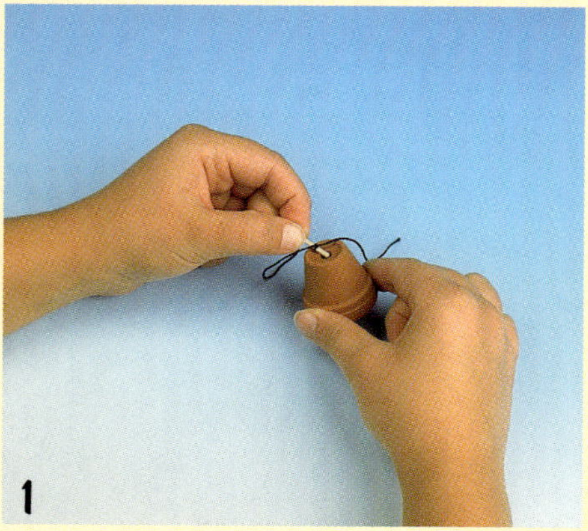

1

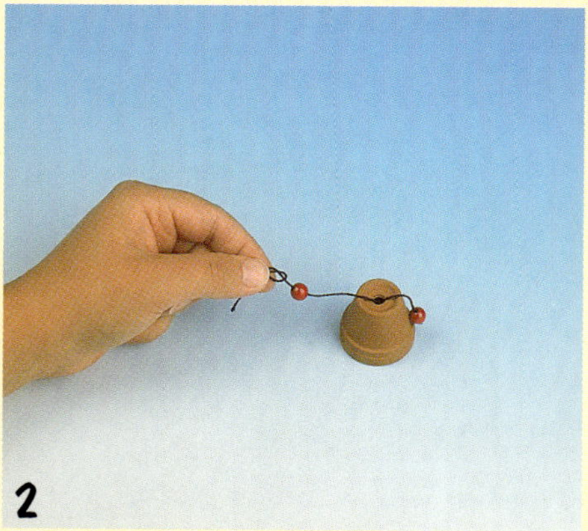

2

3

Grundmaterial

- *1 Tontopf, Ø 3,5 mm*
- *1 Holzkugel, Ø 2,5 mm, durchgehende Bohrung*
- *Schaschlikspieß*
- *Stickgarn, Sticknadel*
- *2 Holzperlen, Ø 8 mm, für die Hände*
- *Schere*
- *Kraftkleber*

1. Den Schaschlikspieß auf den Durchmesser des Topfbodens kürzen. Das Stickgarn auf eine Länge von ca. 30 cm zuschneiden und in die Mitte des Hölzchens knoten. Das Hölzchen durch die Topföffnung stecken und im Rumpf quer stellen bzw. festklemmen. Das Hölzchen ggf. mit etwas Klebstoff fixieren.

2. Das Stickgarn auf eine Sticknadel fädeln. Auf jede Seite eine Perle als Hand auffädeln. Die Perlen mit einem doppelten Knoten sichern. Den Doppelknoten mit der Nadelöse in die Perlen schieben. Darauf einen Klecks Klebstoff geben.

3. Die zuvor grundierte und gestaltete Holzkugel als Kopf mit Kraftkleber auf dem Topfboden fixieren.

Tipp: *Anstelle von Stickgarn können Sie auch je nach Topfgröße Geschenkband in den Breiten von 3 mm und 5 mm verwenden. Natürlich können Sie auch Wolle zum Befestigen der Arme verwenden.*

Tontopf-Figur mit Kopf aus Tonkarton

Grundmaterial

- *1 Tontopf, Ø 4,7 cm*
- *Wellpappe*
- *Bleistift HB*
- *Lineal*
- *Schere*
- *Klebstoff, Kraftkleber*

1. Aus der Wellpappe ein Rechteck von 4 x 5 cm zuschneiden. Die Riffelung soll dabei parallel zur Schmalseite verlaufen. Das Rechteck aufrollen. Das Ende der Rolle mit etwas Klebstoff fixieren.

1

2. Das Röllchen in den Topfboden stecken und dort zusätzlich mit dem Kraftkleber fixieren. Den Kleber trocknen lassen. Anschließend den Topf und den „Hals" mit den Bastelfarben bemalen.

2

3. Nun den Kopf und die Arme aus Tonkarton und Tonpapier fertigen. Den Kopf auf das Wellpapperöllchen kleben. Die Klebelaschen der Arme falzen, knicken und an den Seiten des Töpfchens festkleben.

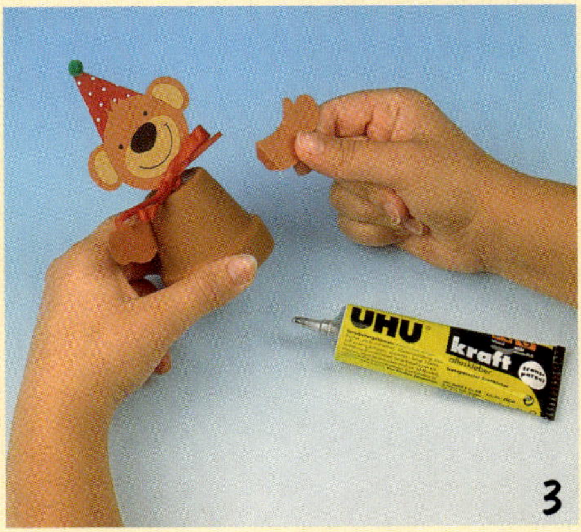

3

Tipp: *Als alternative Kopfbefestigungen können Sie auch Rundhölzer mit einem Durchmesser von ca. 6 mm verwenden, die auf die gewünschte Länge zugesägt werden. Tragen Sie den Kraftkleber zuerst um die Topföffnung auf und lassen Sie ihn etwas antrocknen. Dann das Hölzchen in die Öffnung stecken und den Kleber nochmals um das Hölzchen herum auftragen. Den Kleber trocknen lassen.*

ONKEL GEORG

TANTE HILDE

Babys erster Festtag

Babys

1. Die Tontöpfchen mit Zartblau und Zartrosa bemalen. Trocknen lassen. Die Holzkugeln auf Pinselstiele, die Wattekugeln auf Schaschlikspieße stecken. Die Kugeln für die Köpfe jeweils hautfarben bemalen. Wiederum gut trocknen lassen.

2. Die Holzkugeln mit Kraftkleber auf die Töpfe kleben. Dabei für die Babys, die einen Haarschopf bekommen sollen, die Kugeln mit der Bohrung nach oben anbringen, für die Babys ohne Haare die Kugel mit der Öffnung auf den Boden des Tontöpfchens kleben.

3. Die Holzperlen als Nasen aufkleben. Die Öffnung der Holzperlen mit einem Klecks Kraftkleber verschließen. Trocknen lassen, dann die Nasen nochmals hautfarben übermalen.

4. Mit der der Spitze eines Schaschlikspießes die schwarzen Augenpunkte setzen. Den Mund mit Rosa aufmalen. Die Mundwinkel mit einem rosafarbenen Punkt abschließen.

5. Nun bei den Babys, die Haare bekommen sollen, einige Kunstlocken in die Kugelöffnungen stecken und dort fixieren.

6. Die Wattekugel-Arme an den Seiten der Töpfe festkleben. Einigen der Figuren mit dem Stickgarn Schnuller um den Hals binden, anderen mit Heißkleber Rasseln an den Händen fixieren.

Material

Für die Babys jeweils:

- *1 Tontopf, Ø 3,5 cm*
- *1 Holzkugel, Ø 25 mm, mit einseitiger Bohrung*
- *2 Wattekugeln, Ø 12 mm*
- *1 Holzperle in Natur, Ø 6 mm*
- *Marabu-Decormatt Bastelfarbe in Zartrosa, Zartblau, Hautfarbe, Schwarz*
- *Pinsel Nr. 8 und Nr. 0, Schaschlikspieß*
- *Mini-Kunsthaarlocke*
- *Babyrassel, 4 cm*
- *Motivlocher „Kleine Schleife"*

Tischkärtchen:

- *Bastelkarton in Hellgelb*
- *Tonpapier in Weiß*

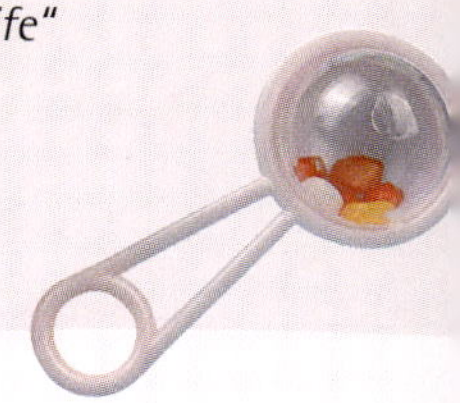

7. Mit dem Motivlocher kleine Schleifen aus dem Streifen-Papier stanzen, in der Mitte mit Hilfe von Sticknadel und Lineal falzen und auf die Töpfe der Babys ohne umgehängten Schnuller kleben.

Tischkärtchen

1. Aus dem Bastelkarton Rechtecke von 7 x 6,5 cm zuschneiden. Hierzu die Form mit einem Bleistift vorzeichnen, danach am besten mit einem Cutter entlang eines Lineals ausschneiden. Die Rechtecke wie auf dem Foto zu sehen zu Doppelkarten falzen und falten.

2. Nun weitere, kleinere Rechtecke aus dem Streifen-Papier sowie aus Bastelkarton und Tonpapier schneiden und wie auf dem Foto auf die Doppelkarten kleben.

3. Die Kärtchen nun mit den Filzstiften beschriften. Zum Schluss mit Nadel und Stickgarn die Schnuller an der Vorderseite der Tischkärtchen befestigen.

Tipp: *Für einen satten und gleichmäßigen Farbauftrag die Töpfe zwei- bis dreimal überstreichen, dazwischen die Farbe jeweils gut trocknen lassen.*
Für eine leichte Strukturierung die Bastelfarben mit einem feinporigen Schwamm auftupfen. Dabei den ersten Farbauftrag mit einem Pinsel vornehmen, nach dem Trocknen die mit etwas Wasser leicht verdünnte Farbe mit dem Schwamm aufnehmen und den Tontopf damit betupfen. Diesen Vorgang zwei bis dreimal wiederholen, bis der Tontopf eine gleichmäßige und satte Struktur erhalten hat.

- *Filzstift in Rosa und Hellblau*
- *Bleistift*

Allgemein:
- *Mini-Schnuller in Rosa und Hellblau*
- *Stickgarn in Weiß, Sticknadel*
- *Streifen-Papier „Geburt"*
- *Lineal*
- *Schere*
- *Kraftkleber*
- *Klebepistole*

Opa
Oma
Tante Lena
Tante Ida

Mama
Papa
Max
Paul
Mia

Fröhliche Familienrunde

1. Die Tontöpfe mit den Bastelfarben bemalen. Bei den zusammengesetzten Figuren der Großeltern und der weiteren Erwachsenen dabei die Töpfe für Ober- und Unterkörper jeweils im gleichen Farbton anmalen. Gut trocknen lassen.

2. Nun die Holzeier für die Köpfe und die Wattekugeln für die Nasen auf Schaschlikspieße stecken und hautfarben bemalen. Wiederum gut trocknen lassen.

3. Die Wattekugeln auf die Holzeier kleben. Die Augenpunkte mit der Spitze eines Schaschlikspießes in Schwarz setzen. Den Mund, ebenfalls in Schwarz, mit einem feinen Pinsel aufmalen. Die Bäckchen mit Hilfe eines Wattestäbchens in Rosa aufstempeln.

4. Die Schaschlikspieße auf den jeweiligen Durchmesser der Topfböden kürzen. Die Wollfäden für die Arme mittig an die Hölzchen knoten, diese dann durch die Topföffnungen stecken und im Rumpf quer stellen. Ggf. die Hölzchen in dieser Position mit etwas Klebstoff fixieren (siehe hierzu auch Grundkurs „Tontopf-Mini mit Armen" auf Seite 6).

5. Nun die Perlen für die Hände mit der Sticknadel auf die Wollfäden fädeln. Unter den Perlen einen Knoten schlingen.

6. Mit dem Bleistift die Kreise für die Kragen auf dem Filz aufzeichnen, dazu können die Töpfchen selbst verwendet werden.

Material

Für die Großeltern jeweils:

- *1 Tontopf, Ø 4,7 cm und 5,5 cm*
- *1 Holzei, 50 mm lang*
- *1 Wattekugel, Ø 12 mm*
- *2 bunte Holzperlen, Ø 14 mm*

Für die weiteren Erwachsenen jeweils:

- *1 Tontopf, Ø 3,5 cm und 4,7 cm*
- *1 Holzei, 40 mm lang*
- *1 Wattekugel, Ø 12 mm*
- *2 bunte Holzperlen, Ø 14 mm*

Für die Kinder jeweils:

- *1 Tontopf, Ø 3,5 cm*
- *1 Holzei, ca. 30 mm lang*
- *1 Wattekugel, Ø 10 mm*
- *2 bunte Holzperlen, Ø 12 mm*

7. Die Kreise dann mit der Zickzackschere aus dem Filz ausschneiden und als Halskrausen auf die Topfböden kleben. Danach die Eierköpfe auf die Filzkreise kleben.

8. Für die Haare einige Wollfäden zusammennehmen und in der Mitte mit dem Draht straff abbinden. Die Haare auf die Köpfe kleben und nach Wunsch zu unterschiedlichen Frisuren formen. Dem Großvater einen Schnauzbart ankleben.

9. Bei den zusammengesetzten Figuren die Oberkörper-Töpfe auf die kleineren Bein-Töpfe kleben. Dann die bunten Holzperlen als Knöpfe an den Vorderseiten der Figuren anbringen.

10. Zum Schluss aus buntem Tonpapier kleine Namensschildchen fertigen, beschriften und diese an den Händen der einzelnen Familienmitglieder befestigen.

Tipps: *Die Augenpunkte und die Mundlinie auf dem bereits grundierten Holzei oder der grundierten Holzkugel mit einem Bleistift dünn vorzeichnen. Um gleichmäßige Augenpunkte zu setzen, die Spitze eines Schaschlikspießes verwenden, die in leicht mit Wasser verdünnte Farbe getaucht und dann senkrecht auf das Holzei oder die Holzkugel gesetzt wird. Vor dem erneuten Eintauchen der Schaschlikspieß-Spitze diese mit einem Papiertuch sauber wischen.*
Für das Aufstempeln der Bäckchen das Wattestäbchen senkrecht in einen Farbspiegel aus leicht verdünnter Farbe tauchen. Dann das Wattestäbchen auf die entsprechenden Gesichtsstellen drücken. Für einen satten Farbauftrag jedes Bäckchen zweimal auftupfen.

Allgemein:
- *Marabu-Decormatt Bastelfarbe in Scharlachrot, Zartrosa, Pink, Violett rötlich, Zartblau, Mittelblau, Hautfarbe, Schwarz*
- *Pinsel Nr. 8, Nr. 0*
- *Wattestäbchen, Schaschlikspieße*
- *Dicke Wolle*
- *Spitze Sticknadel*
- *Bastelfilz in Orange, Hellrot, Hellgrün*
- *Tonpapier in verschiedenen Farben*
- *Bleistift, Zickzackschere*
- *Dünner Basteldraht in Silber*
- *Kleine bunte Holzperlen*
- *Pinzette, Schere, Kraftkleber*

Kunterbunte Clowns ganz helle

1. Die Tontöpfe mit Gelb, Rot, Blau und Grün bemalen und trocknen lassen. Die Holzkugeln auf Pinselstiele, die Wattekugeln auf Schaschlikspieße stecken und hautfarben bemalen. Wiederum gut trocknen lassen.

2. Die Vorlagen der Kragen zuerst auf Transparentpapier, dann auf ein Reststück Tonkarton übertragen und möglichst exakt ausschneiden. Nun die so gefertigten Schablonen auf Filz in den gewünschten Farben legen und die Konturen mit einem weichen Bleistift nachfahren. Die Kragen ausschneiden und auf die Topfböden kleben. Auf die größeren Töpfchen jeweils zwei Holzperlen in einer kontrastierenden Farbe als Knöpfe aufkleben.

3. Nun die Holzkugeln als Köpfe auf die Kragen kleben. Die hautfarben grundierten Wattekugeln als Arme an den Seiten der Töpfe befestigen.

4. Die roten Holzperlen-Nasen auf die Köpfe kleben. Die Perlenöffnungen mit einem Klecks Klebstoff verschließen. Den Klebstoff trocknen lassen, dann die Perlen mit roter Farbe übermalen.

5. Mit der Schaschlikspieß-Spitze etwas schwarze Farbe aufnehmen und damit die Augenpunkte setzen. Mit dem feinen Pinsel entweder eine Mundlinie oder ein „O" aufmalen. Die Mundwinkel der Figuren, die eine Mundlinie erhalten haben, mit einem schwarzen Punkt abschließen.

6. Nun allen Figuren mit einem Wattestäbchen rote Bäckchen aufstempeln.

Material

Für die großen Clowns jeweils:
- *1 Tontopf, Ø 4,7 cm*
- *1 Holzkugel, Ø 35 mm, mit durchgehender Bohrung*
- *2 Wattekugeln, Ø 15 mm*
- *2 Holzperlen in Rot, Gelb oder Grün, Ø 6 mm*
- *1 Holzperle in Rot, Ø 8 mm*

Für die kleinen Clowns jeweils:
- *1 Tontopf, Ø 3,5 cm*
- *1 Holzkugel, Ø 25 mm, mit durchgehender Bohrung*
- *2 Wattekugeln, Ø 12 mm*
- *1 Holzperle in Rot, Ø 6 mm*
- *Geburtstagskerze und Kerzenhalter in Rot, Gelb, Grün oder Blau*

7. Für die Haare mehrere Wollfäden mit einer Länge von ca. 6 cm zuschneiden. Die Fäden in der Mitte mit einem Wollfaden zusammenschnüren. Die Schnürung mit der Scherenspitze in das Kugelloch stecken und die Haare danach auf die gewünschte Länge kürzen.

8. Nun bei einigen der kleinen Clownfiguren zusätzlich Kerzenhalter in die Kopflöcher stecken und mit den Kerzen bestücken.

9. Die Vorlage für die Luftballons auf Transparentpapier, dann auf Tonkarton übertragen und ausschneiden. Mit Hilfe dieser Schablone für jede der großen Figuren zwei Luftballons in unterschiedlichen Farben herstellen.

10. Jeweils zwei Ballons seitlich aneinander kleben. Den hinteren Ballon mit Heißkleber gegen die auf die gewünschte Länge zugeschnittene Papierkordel kleben.
Das Ende der Kordel mit Heißkleber an der Hand der Clowns fixieren.

Tipp: *Zum Halten und Aufkleben kleiner Details wie z. B. Perlen, Halbperlen, Punkten o. Ä. sollten Sie eine Pinzette zu Hilfe nehmen. Markieren Sie am besten mit einem Bleistiftpunkt die Stelle, an der Sie das gewünschte Objekt aufkleben möchten. Geben Sie etwas Kraftkleber auf einen Porzellanteller, nehmen mit der Spitze eines Schaschlikspießes etwas Kleber auf und tragen diesen auf den zuvor gesetzten Markierungspunkt auf. Lassen Sie den Kleber etwas antrocknen und setzen dann das Objekt mit Hilfe der Pinzette auf den Klebstoffpunkt.*

Allgemein:

- *Schaschlikspieße*
- *Marabu-Decormatt Bastelfarbe in Mittelgelb, Scharlachrot, Azurblau, Hellgrün, Hautfarbe, Schwarz*
- *Pinsel Nr. 8 und Nr. 0*
- *Transparentpapier, Bleistift*
- *Kleine spitze Schere*
- *Tonkarton in Gelb, Orange, Rot, Blau*
- *Bastelfilz in Gelb, Rot, Blau, Grün*
- *Wolle in Rot*
- *Dünne Papierkordel*
- *Kraftkleber, Klebepistole*

Vorlage 1, Bogen A

DRY
ELEGANT
TROCKEN
SEIT 1922
DRY

Verliebt, verlobt, verheiratet

Mini-Mäuse

1. Die Rundhölzchen mit Kraftkleber in den Topflöchern fixieren (siehe Grundkurs Seite 7). Die Körper-Töpfchen nun mit Hellgrau bemalen. Trocknen lassen.

2. Für die Köpfe, Ohrmuscheln und Arme Tonkarton-Schablonen herstellen. Köpfe und Arme aus Tonkarton, die Ohrmuscheln aus Pünktchen-Karton fertigen.

3. Die Ohrmuscheln auf die Köpfe kleben. Mit dem Feinliner den Mund und die Bartstoppeln aufmalen. Nasen und Bäckchen mit dem Bürolocher aus Pünktchenkarton oder Tonpapier stanzen und aufkleben. Die Augen aufkleben.

4. Das Geschenkband um den Hals zu einer Schleife binden. Den Kopf auf den Hals kleben. Die Klebelaschen der Arme falzen und knicken. Die Arme an den Topfseiten festkleben. Ein Stück Geschenkband von hinten gegen die Töpfe kleben. Auf die Schwänze Holzperlen fädeln oder Holzherzen aufkleben.

Mäusepärchen

1. Wellpapperöllchen mit Kraftkleber in den Topflöchern fixieren (siehe Grundkurs Seite 7). Die Körper-Töpfchen nun mit Hellgrau bemalen. Trocknen lassen.

2. Köpfe, Arme und Schwanz aus Tonkarton, die Ohrmuscheln und Bäckchen aus

Material

Für die Mini-Mäuse:

- *Je 1 Tontopf, Ø 3,5 cm*
- *Rundholz, Ø 6 mm*
- *1 Halbperle in Schwarz, Ø 3 mm*
- *Holzperlen in Rot und Schwarz, Ø 7 mm*
- *Kleine Säge*

Für das Mäusepärchen:

- *2 Tontöpfe, Ø 4,7 cm*
- *Je 2 Halbperlen in Schwarz, Ø 3 mm, 5 mm*
- *Motivlocher „Großes Herz"*
- *Wellpappe*

Für das Hochzeitspaar:

- *2 Tontöpfe, Ø 5,5 cm*
- *Je 2 Halbperlen in Schwarz, Ø 3 mm*
- *Tonpapier in Weiß, Schwarz*
- *Wellpappe*
- *Motivlocher „Große Schleife"*
- *Zwirn in Schwarz*

Pünktchenkarton fertigen. Für die Herzen den Motivlocher verwenden. Für die Augen die kleineren Halbperlen, für die Nasen die größeren Halbperlen aufkleben. Das Geschenkband um die Hälse zu einer Schleife binden. Die Köpfe auf die Hälse kleben.

3. Die Arme auf den Töpfen fixieren. Den Schwanz falzen. Pro Schwanz zwei Herzen ausstanzen, dazwischen die Schwanzspitze kleben. Die Lasche knicken und gegen den Topfrand kleben.

Hochzeitspaar

1. Wellpapperöllchen mit Kraftkleber in den Topflöchern fixieren (siehe Grundkurs Seite 7). Die Körper-Töpfchen mit Weiß bzw. Schwarz bemalen. Trocknen lassen.

2. Die Köpfe aus Tonkarton fertigen. Die Ohrmuscheln und Bäckchen aus Pünktchenkarton, die Nasen aus Tonpapier fertigen und aufkleben. Die Halbperlen als Augen aufkleben. Mit dem Feinliner den Mund und die Bartstoppeln aufmalen. Aus Zwirn die Schnurrbarthaare zuschneiden und ebenfalls aufkleben.

3. Den äußeren Rand des Kragens der Braut mit der Konturenschere zuschneiden. Die Kreismitte ausschneiden und den Kragen auf den Topfboden setzen. Mit dem Motivlocher die Schleife aus weißem Tonkarton stanzen, in der Mitte falzen und auf den Kopf kleben. Den Kopf auf dem Hals fixieren. Die Arme und Ärmel aus Tonkarton schneiden. Die Arme falzen und die Ärmel aufkleben. Die Klebelaschen knicken, die Arme gegen den Topf kleben.

4. Für den Bräutigam die Ärmel, Hände und den Zylinder aus Tonkarton schneiden. Die Hände hinter die Ärmel kleben. Die Ärmel falzen, knicken und gegen den Topf kleben. Den Zylinder aufkleben. Die Schleife ausstanzen, falzen und am Tontopf befestigen. Für beide Mäuse aus Geschenkband Schwänze zuscheiden, mit Holzherzchen dekorieren und ankleben.

Allgemein:

- *Bleistift*
- *Lineal*
- *Marabu-Decormatt Bastelfarbe in Hellgrau, Weiß, Schwarz*
- *Pinsel Nr. 8*
- *Transparentpapier*
- *Tonkarton in Hellgrau*
- *Pünktchenkarton in Rot-Weiß*
- *Holzherzen-Streuteile*
- *Feinliner in Schwarz*
- *Lochzange oder Bürolocher*
- *Geschenkband in Rot, 3 mm und 5 mm breit, in Weiß und Schwarz, 3 mm breit*
- *Kleine spitze Schere, Bogen-Konturenschere*
- *Kraftkleber, Klebstoff*

Vorlage 2, Bogen A

Ein Häschen kommt selten allein

1. Für die kleinen Häschen jeweils ein Stück Rundholz von der benötigten Länge absägen und mit Kraftkleber in die Topföffnungen kleben. Für die großen Hasen Wellpapperollen anfertigen und diese ebenfalls in den Öffnungen der Tontöpfe für den Körper anbringen (siehe Grundkurs „Tontopf-Figur mit Kopf aus Tonkarton" auf Seite 7). Trocknen lassen.

2. Die Tontöpfe mit den Bastelfarben wie auf dem Foto oder nach Wunsch bemalen. Trocknen lassen. Die Wattekugeln auf Zahnstocher stecken und mit Terracotta bemalen. Wiederum gut trocknen lassen.

3. Die Vorlagen für die Köpfe auf Transparentpapier, dann auf Tonkarton übertragen und ausschneiden.

4. Mit dem Filzschreiber Augen, Mund und Nase aufmalen, die Bäckchen mit dem Farbstift andeuten. Die Köpfe dann an den Hölzchen bzw. den Wellpapperöllchen befestigen.

5. Nun die Vorlage für die großen Schleifen auf den Pünktchenkarton übertragen und möglichst exakt ausschneiden, die kleinen Schleifen mit dem Motivlocher aus dem gelben Tonpapier ausstanzen. Dann die Schleifen an den Rändern der Tontopf-Böden fixieren.

Material

Für die großen Hasen jeweils:
- *1 Tontopf, Ø 3,5 cm und Ø 4,7 cm*
- *2 Wattekugeln, Ø 15 mm*
- *1 Watte-Mohrrübe, 30 mm lang*
- *Wellpappe*

Für die kleinen Hasen jeweils:
- *1 Tontopf, Ø 3,5 cm*
- *2 Wattekugeln, Ø 12 mm*
- *1 Watte-Mohrrübe, 15 mm lang*
- *Rundholz, Ø 6 mm*
- *Kleine Säge*

Für die Kerzenhalter jeweils:
- *1 Tontopf, Ø 4,7 cm*
- *Osterkerzen in Orange*

Allgemein:
- *Bleistift, Lineal*
- *Zahnstocher*
- *Marabu-Decormatt Bastelfarbe in Pink, Orange, Hellgrün, Terrakotta*
- *Pinsel Nr. 8*
- *Transparentpapier*
- *Tonkarton in Rehbraun*

6. Die Wattekugeln für die Hände mit Kraftkleber seitlich auf die Töpfe kleben. Die Möhren an den Händen befestigen.

7. Zum Schluss für die großen Hasen die Ränder der kleineren Töpfe mit Kraftkleber bestreichen und die fertig gestalteten Hasen-Körper darauf kleben.

8. Für die Kerzenhalter die Tontöpfe mit Pink bemalen. Die Farbe gut trocknen lassen, dann die orangefarbenen Osterkerzen einsetzen.

Tipps: *Die großen Hasen können Sie auch mit kleinen Osterüberraschungen füllen. Dann die beiden Hasentöpfe nicht fest miteinander verbinden, sondern die Oberkörper nur lose auf die unteren Töpfe setzen.*
Zum Herstellen von mehreren gleichartigen Motivteilen aus Tonkarton oder Tonpapier empfiehlt sich zur Arbeitserleichterung die Anfertigung einer Schablone. Übertragen Sie dazu die Motivvorlagen zuerst auf Transparentpapier, dann auf möglichst hellen Tonkarton und schneiden die Formen exakt aus. Besonders handlich sind hierbei kleine, spitze Silhouettenscheren. Für gerade Schnitte am besten einen Cutter verwenden. Dabei auf eine schnittfeste Unterlage achten!
Zum Vervielfältigen der Motivteile legen Sie die zuvor angefertigten Schablonen auf den Tonkarton bzw. das Tonpapier in den gewünschten Farben auf und umfahren die Konturen mit einem Bleistift H2. Danach die jeweiligen Motivteile ausschneiden und zusammensetzen.

- *Tonpapier in Gelb*
- *Pünktchenkarton in Gelb-Weiß*
- *Filzschreiber in Schwarz*
- *Farbstift in Rot*
- *Kleine spitze Schere*
- *Motivlocher „Große Schleife"*
- *Klebstoff, Kraftkleber*

Vorlage 3, Bogen A

Marienkäfer-Frühlingsfest

Marienkäfer

1. Die Töpfe für die Käfer-Körper mit Rot bemalen. Gut trocknen lassen. Die Holzkugeln auf Pinselstiele stecken und hautfarben bemalen. Die Wattekugeln auf Zahnstocher stecken, rot bemalen und nach dem Trocknen als Nasen auf die Holzkugel-Köpfe kleben. Bei der Positionierung der Nasen darauf achten, dass die Bohrung von oben nach unten durch die Kugel verläuft.

2. Mit der Zahnstocherspitze die schwarzen Augenpunkte aufsetzen. Den Mund mit einem feinen Pinsel aufmalen. Die Mundwinkel dabei mit einem Punkt andeuten.

3. Die Vorlagen für die Flügel und die Halskrause auf Transparentpapier pausen und danach auf den Tonkarton übertragen. Die Teile exakt ausschneiden und als Schablonen verwenden.

4. Den Umriss der Kreisschablone in der gewünschten Anzahl mit dem Bleistift auf dem weißen Filz nachfahren. Die Kreise mit der Zickzackschere ausschneiden und auf die Topfböden kleben.

5. Dann die Flügel-Schablone auf den Marienkäfer-Karton legen und die Konturen mit einem Bleistift nachfahren. Die Flügel ausschneiden. Die gestrichelten Linien mit der Sticknadel entlang eines Lineals falzen und knicken. Die Flügel dann mit den so vorbereiteten Klebelaschen seitlich an die Töpfe kleben.

Material

Für die Käferchen jeweils:

- *1 Tontopf, Ø 3,5 cm*
- *1 Holzkugel, Ø 25 mm, mit durchgehender Bohrung*
- *1 Wattekugel, Ø 10 mm*
- *2 Holzperlen, Ø 8 mm, in Rot*
- *Marabu-Decormatt Bastelfarbe in Scharlachrot, Hautfarbe, Schwarz*
- *Pinsel Nr. 8 und Nr. 0*
- *Zahnstocher*
- *Tonkarton (Rest)*
- *Transparentpapier*
- *Bleistift, Lineal*
- *Spitze Sticknadel*
- *Tierkarton „Marienkäfer"*
- *Bastelfilz in Weiß*
- *Schere, Zickzackschere*
- *Hutschnur in Schwarz*

6. Die Köpfe auf die Halskrausen kleben. Von der Hutschnur pro Käfer zwei Stücke à ca. 5 cm Länge zuschneiden. Die Stücke mit dem Kleber im Bohrloch der Kopfkugel fixieren. Einige Stickgarnfäden zusammennehmen und im unteren Drittel mit einem Garnfaden straff abbinden. Das Garnbüschel ebenfalls mit Kleber im Kopfloch befestigen. Auf die Enden der Hutschnüre etwas Kleber auftragen und die Holzperlen aufstecken.

Kerzenhalter

1. Die Töpfe mit der Bastelfarbe in Rot bemalen und gut trocknen lassen. Dann ein Stück Geschenkband in gewünschter Länge um den Topfrand kleben. Die Bandenden zu einer Schleife binden.

2. Zum Schluss jeweils ein Streuteil-Marienkäferchen auf das Band kleben und die Blütenkerzen in die Kerzenhalter einsetzen.

Tipps: *Falls Sie für die Käferflügel keinen Marienkäfer-Karton zur Hand haben, können Sie die Flügel auch aus rotem Tonkarton arbeiten und die Flügelpunkte dann mit einem schwarzen Filzschreiber auftragen.*
Selbstverständlich können Sie Ihre Tischfiguren auch in unterschiedlichen Größen herstellen. Wählen Sie hierzu die von Ihnen gewünschte Tontopf-Größe mit der dazu passenden Holzkugel aus. Achten Sie darauf, auch die Wattekugeln für die Nasen und die Holzperlen für die Fühlerspitzen von der Größe her anzupassen. Die Motivvorlagen kopieren Sie einfach auf das von Ihnen benötigte Format.

- *Stickgarn in Schwarz*
- *Kraftkleber*

Für die Kerzenhalter jeweils:
- *1 Tontopf, Ø 4,7 cm*
- *Geschenkband in Hellgrün, 3 mm breit*
- *Mini-Marienkäfer-Streuteile*
- *Blütenkerzen*
- *Kraftkleber*

Vorlage 4, Bogen A

JOHANN
ALFONS

PAUL
VINZENT

Spitzenköche unter sich!

1. Aus dem Rundholz Stücke von etwa 3,5 cm Länge zusägen und in die Topföffnungen kleben (siehe hierzu auch Grundkurs „Tontopf-Figur mit Kopf aus Tonkarton" auf Seite 7).

2. Die Töpfe mit Weiß grundieren. Dazu die Farbe mehrmals mit einem feinporigen Küchenschwamm auftupfen, zwischen den einzelnen Aufträgen die Farbe jeweils gut trocknen lassen. Die Wattekugeln auf Schaschlikspieße stecken und hautfarben bemalen. Ebenfalls gut trocknen lassen.

3. Die Motivvorlagen für Kopf, Haare und Kochmütze auf Transparentpapier, dann auf einen Tonkarton-Rest übertragen und ausschneiden.

4. Die so gefertigten Schablonen nun auf Tonkarton und Tonpapier in den entsprechenden Farben sowie den Karokarton legen und die Formen mit einem Bleistift in der gewünschten Anzahl auf dem jeweiligen Untergrund nachfahren. Bei den Mützenteilen darauf achten, dass die Karos für den Mützenrand gerade stehen, die für den Mützenteil jedoch leicht schräg verlaufen.

5. Alle Teile ausschneiden. Die Haare von hinten gegen die Ohren kleben. Die Mützenteile zusammensetzen, dann die fertige Mütze auf die Köpfe der Köche kleben. Mit dem Filzschreiber Augen und Mund, mit dem Buntstift die Nasen aufmalen.

6. Um die Hälse kleine Schleifen binden. Die Köpfe auf die Hälse kleben. Die Hände an den Topfseiten anbringen. Mit dem Heißkleber die unterschiedlichen Holz-Miniaturen an den Wattekugeln fixieren.

Material

Für die Köche jeweils:

- *1 Tontopf, Ø 3,5 cm*
- *2 Wattekugeln, Ø 10 mm*
- *Rundholz, Ø 6 mm*
- *Kleine Säge*
- *Marabu-Decormatt Bastelfarbe in Weiß, Hautfarbe*
- *Feinporiger Küchenschwamm*
- *Pinsel Nr. 8*
- *Schaschlikspieße*
- *Transparentpapier*
- *Bleistift*
- *Lineal*
- *Tonkarton in Aprikose*

7. Für die Namensschilder weiße Tonpapier-Rechtecke von ca. 2,5 x 1 cm zuschneiden und auf den Karokarton kleben. Die Schilder mit dem Filzschreiber beschriften. Dann die Schilder aus dem Karokarton ausschneiden, danach die Ecken für einen dekorativen Effekt mit der Lochzange ausknipsen.

8. Die Schilder nun auf die gekürzten Schaschlikspieße kleben. Zum Schluss die Hölzchen mit Heißkleber an den Händen fixieren.

Tipps: *Wenn Sie eine schöne und leichte Handschrift haben, können Sie die Kärtchen mit einem Filzschreiber einfach frei Hand selbst beschriften. Eine andere Möglichkeit ist das Beschriften mit speziellen Schreibfedern und Tinte, die in verschiedenen Ausführungen im Schreibwarenhandel angeboten werden.*

Eine weitere Alternative ist das Beschriften mit so genannten „Abreibeschriften", die im Schreibwarenhandel in verschiedenen Schriftarten und -größen angeboten werden. Ziehen Sie hierfür zuerst mit einem Bleistift eine dünne Linie auf das Papier. Legen Sie dann die Markierungsstriche auf dem Abreibebogen genau auf die zuvor gezogene Linie. Reiben Sie nun mit einer Stricknadel vorsichtig den ersten Buchstaben auf das darunter liegende Papier auf. Nachdem Sie den ersten Buchstaben so übertragen haben, heben Sie den Abreibebogen vorsichtig ab und beginnen mit dem nächsten Buchstaben.

Für einen zusätzlichen Deko-Effekt können Sie die Schilder auch mit Konturenscheren, die in unterschiedlichen Ausführungen erhältlich sind, ausschneiden. Für besonders kleine Kärtchen sind Bütten- oder Zickzack-Konturenscheren besonders gut geeignet.

- *Tonpapier in Schwarz, Weiß*
- *Karokarton in Blau-Weiß*
- *Filzschreiber in Schwarz*
- *Farbstift in Rot*
- *Kleine spitze Schere*
- *Geschenkband in Schwarz, 3 mm breit*
- *Holz-Miniaturen „Küche"*
- *Klebstoff*
- *Klebepistole*

Vorlage 5, Bogen A

Kuh und Schwein laden ein

Kühe und Kälbchen

1. Für die Kühe Wellpapperöllchen formen, für die Kälber Rundhölzer zusägen und jeweils in den Topföffnungen fixieren (siehe hierzu Grundkurs „Tontopf-Figur mit Kopf aus Tonkarton" auf Seite 7).

2. Die Körpertöpfe und die Hälse mit Weiß bemalen und trocknen lassen. Die Töpfe mit Kraftkleber aufeinander kleben.

3. Nun die schwarzen Kuhflecken verteilt auf die Körper malen. Wiederum gut trocknen lassen.

4. Den Kühen eine Kordel um den Bauch legen, zu einer Schleife binden oder ein Metallglöckchen mit der Kordel um den Bauch knoten. Den Kälbchen ein Stück Kordel für die Arme um den Hals binden. Die Kordel kürzen, die Perlen mit etwas Kleber auf den Enden fixieren.

5. Die Vorlagen für die Köpfe sowie für die Arme der Kuh auf Aquarellpapier, für die Mäuler auf rosafarbenen Tonkarton übertragen und ausschneiden. Die gestrichelten Linien der Arme falzen. Dazu eine spitze Sticknadel und ein Lineal verwenden. Die Hörner und Hufe der großen Kuh aus Tonkarton, die Hörner der Kälber aus Tonpapier fertigen.

Material

Für eine Kuh:
- *2 Tontöpfe, Ø 5,5 cm*
- *2 Halbperlen in Schwarz, Ø 4 mm*

Für ein Kälbchen:
- *2 Tontöpfe, Ø 3,5 cm*
- *2 Holzperlen in Schwarz, Ø 8 mm*
- *2 Halbperlen in Schwarz, Ø 3 mm*

Für ein Schwein:
- *1 Tontopf, Ø 4,7 cm*
- *2 Wattekugeln, Ø 15 mm*

Für ein Ferkel:
- *1 Tontopf, Ø 3,5 cm*
- *2 Wattekugeln, Ø 12 mm*

6. Das Maul und die Hörner auf den Kopf kleben. Mit dem Feinliner Nasenlöcher und Mund aufmalen. Mit dem Farbstift die rosa Bäckchen betonen.

7. Die Halbperlen-Augen aufkleben. Mit schwarzer Farbe ein paar Flecken auf das Gesicht malen. Für die Haare einige Jutefäden von hinten gegen die Köpfe kleben. Auf Hals und Topfrand Klebstoff auftragen und den Kopf darauf fixieren.

8. Die Hufe der Kühe auf die „Arme" kleben. Mit Schwarz ein paar Flecken aufmalen. Die Klebelaschen knicken und an den Seiten des Topfes aufkleben.

Schweine und Ferkel

1. Für die Schweine Wellpapperöllchen formen, für die Ferkel Rundholz-Stücke zusägen und jeweils in den Topföffnungen fixieren (siehe Grundkurs „Tontopf-Figur mit Kopf aus Tonkarton" auf Seite 7).

Die Töpfe und Hälse mit Rosa bemalen und trocknen lassen. Die Wattekugeln auf Schaschlikspieße stecken und rosafarben bemalen. Gut trocknen lassen.

2. Die Vorlagen für die Köpfe auf den Tonkarton, die Vorlagen für Schnauzen und Ohrmuscheln auf das Tonpapier übertragen und ausschneiden. Schnauzen und Ohrmuscheln auf die Köpfe kleben. Mit dem Feinliner Augen, Mund und Nasenlöcher aufmalen. In die Augen weiße Lichtpunkte setzen. Mit dem Farbstift die Bäckchen andeuten.

3. Von dem Juteband mehrere ca. 30 cm lange Fäden ablösen. Aus drei bis fünf Fäden eine Schleife um den Hals binden. Einige Jutefäden von hinten gegen den Kopf kleben. Zum Schluss den Kopf auf dem Hals fixieren.

Außerdem:
- *Wellpappe*
- *Bleistift, Lineal, Sticknadel*
- *Rundholz, Ø 6 mm, kleine Säge*
- *Marabu-Decormatt Bastelfarbe in Weiß, Schwarz, Rosa*
- *Pinsel Nr. 8 und Nr. 6*
- *Transparentpapier*
- *Aquarellpapier*
- *Tonkarton in Rosa, Schwarz*
- *Tonpapier in Hautfarbe, Schwarz*
- *Feinliner in Schwarz*
- *Farbstift in Rosa*
- *Kleine spitze Schere*
- *Juteband in Natur*
- *Dünne Paketkordel*
- *Metallglöckchen*
- *Klebstoff, Kraftkleber*

Vorlage 6, Bogen A

H

Lustige Geburtstagsbärchen

1. Die Töpfe für die großen und die kleinen Bären mit der Bastelfarbe in Rot und Blau bemalen. Gut trocknen lassen. Für die Hälse Wellpappe-Stücke zuschneiden, diese zu Rollen formen und mit Kraftkleber in den Topflöchern fixieren (siehe hierzu auch Grundkurs „Tontopf-Figur mit Kopf aus Tonkarton" auf Seite 7). Aus dem Geschenkband kleine Schleifen um die Hals-Röllchen binden.

2. Von der Vorlage die Motivteile auf Transparentpapier pausen. Die Teile dann auf Tonkarton übertragen und exakt ausschneiden.

3. Die so gefertigten Schablonen für die Köpfe und die Arme nun auf Tonkarton, die Schablonen für die Hüte auf Pünktchenkarton und die für die Ohr-Innenteile, die Schnauzen und die Nasen auf Tonpapier in den entsprechenden Farben auflegen und die Formen mit dem Bleistift nachfahren. Die einzelnen Motivteile danach ausschneiden.

4. Die Ohrmuscheln und die Schnauzen aufkleben. Die Nasen auf den Schnauzen anbringen, Augenpunkte und Mundlinien mit dem Feinliner aufmalen.

5. Die Hüte von hinten gegen die Köpfe kleben, die Mini-Pompons auf den Hutspitzen fixieren. Dann die Köpfe auf die Wellpapperöllchen kleben.

Material

Pro Bär jeweils:

- *1 Tontopf, Ø 5,5 cm oder Ø 4,7 cm*
- *Marabu-Decormatt Bastelfarbe in Scharlachrot, Mittelblau*
- *Pinsel Nr. 8*
- *Wellpappe*
- *Bleistift*
- *Lineal*
- *Geschenkband in Gelb und Rot, 5 mm breit*
- *Transparentpapier*
- *Tonkarton in Rehbraun*
- *Tonpapier in Hautfarbe, Schwarz, Gelb, Hellrot, Hellgrün*
- *Pünktchenkarton in Rot und Blau*
- *Kleine spitze Schere*
- *Feinliner in Schwarz*
- *Mini-Pompons in verschiedenen Farben*
- *Nähgarn*
- *Motivlocher „Großes Herz" und „Großer Bär"*
- *Kraftkleber, Klebstoff, Klebefilm*

6. Die Arme an den gestrichelten Linien falzen und knicken. Die Klebelaschen mit Kleber bestreichen, die Arme dann an den Topfseiten befestigen.

7. Mit dem Motivlocher die Herzen und die Bärchen aus dem farbigen Tonpapier stanzen. Jeweils zwei ausgestanzte Motive aufeinander kleben.

8. Mit einer Nähnadel jeweils an zwei gegenüber liegenden Stellen der Stanzmotive ein Loch stechen. In jede Bärentatze ebenfalls ein Loch stechen.

9. Ein längeres Stück Garn von hinten durch die erste Tatze ziehen. Das Garn auf der Rückseite der Tatze mit einem kleinen Klebefilm-Streifen fixieren. Die Motive nacheinander auffädeln, dabei darauf achten, dass farblich schön abwechslungsreiche Abfolgen entstehen, das Garn durch die zweite Tatze ziehen und wieder mit dem Klebefilm fixieren.

Tipp: *Motive mit dem Locher auszustanzen macht Kindern besonders viel Spaß. Lassen Sie die Kleinen also fröhlich mitstanzen! Sie können die ausgestanzten Motive auch wie Konfetti auf dem Tisch verstreuen.*
Unter den Motivlochern werden neben einer Vielzahl an verschiedenen anderen Motiven auch große Blumen zum Ausstanzen angeboten, die Sie alternativ zu den hier abgebildeten Herzen und Bärchen zu kleinen Blumengirlanden auffädeln können.

Vorlage 7, Bogen A

LUZIE
STEVE

TOM

Happy Halloween!

Teufel

1. Die Töpfchen, Holzkugeln und Wattestäbchen mit Rot bemalen. Trocknen lassen. Die Kosmetikstäbchen mit Schwarz bemalen, gut trocknen lassen.

2. Das Stickgarn für die Arme an den gekürzten Hölzchen befestigen. Die Perlen anknoten (siehe Grundkurs „Tontopf-Mini mit Armen" auf Seite 6).

3. Die Köpfe auf die Topfböden kleben. Für die Haare mehrere Stickgarnfäden zusammennehmen, bündeln und in der Mitte mit einem Garnfaden straff abbinden. Die Haare in das Kugelloch stecken und dort ggf. mit etwas Klebstoff fixieren.

4. Von den Watte- und Kosmetikstäbchen die Spitzen abschneiden. Die Wattestäbchen-Nasen auf die Köpfe kleben. Die spitzen Kosmetikstäbchen als Hörner auf den Kopf kleben.

5. Die schwarzen Augenpunkte mit dem Schaschlikspieß setzen. Den Mund aufmalen. Die Mundwinkel mit schwarzen Punkten betonen.

6. Mit dem Motivlocher die Schleifen aus Tonpapier stanzen und auf die Töpfe kleben. Aus sechs Stücken Stickgarn kleine Zöpfe flechten und als Schwänze von hinten gegen die Töpfe kleben.

Material

- *Je Figur 1 Tontopf, Ø 3,5 cm*
- *1 Holzkugel mit einseitiger Bohrung, Ø 25 mm*

Zusätzlich für einen Teufel:
- *2 Holzperlen in Rot, Ø 8 mm*
- *Kosmetikstäbchen mit spitzem Ende*

Zusätzlich für einen Geist:
- *2 Wattekugeln, Ø 12 mm*

Zusätzlich für einen Vampir:
- *1 Zylinder, Ø 24 mm*
- *Kosmetikstäbchen mit ovalem Ende*

Allgemein:
- *Schaschlikspieße*
- *Marabu-Decormatt Bastelfarbe in Scharlachrot, Weiß, Schwarz*
- *Pinsel Nr. 8 und Nr. 0*
- *Wattestäbchen*

Geister

1. Töpfchen, Holzkugeln und Wattekugeln mit Weiß bemalen. Für die Namensschilder einen Schaschlikspieß mit Schwarz bemalen.

2. Die Holzkugeln auf die Topfböden kleben. Die Spitzen der Wattestäbchen abschneiden und als Nasen aufkleben. Eventuell die Nasen nochmals mit Weiß übermalen. Die Wattekugeln an den Seiten der Töpfe festkleben.

3. Die Augen mit der Schaschlikspieß-Spitze setzen. Den Mund aufmalen. Die Bäckchen mit einem Wattestäbchen in Rot aufstempeln. Die Haare aus Stickgarn fertigen (siehe Teufel). Die Schleifen aus Tonpapier stanzen und auf die Töpfe kleben.

4. Für die Namensschilder die Buchstaben nach der Vorlage mit dem Feinliner auf weißes Tonpapier schreiben. Den Schaschlikspieß auf ca. 4 cm kürzen. Die Schildchen aufkleben. Die Hölzchen zum Schluss an die Hände der Geister kleben.

Vampire

1. Töpfchen und Holzkugeln mit Schwarz bemalen. Die Wattestäbchen mit Rot, die Kosmetikstäbchen mit Schwarz bemalen. Alles gut trocknen lassen.

2. Die Holzkugeln auf die Topfböden kleben. Die Zylinder auf den Köpfen fixieren. Die Spitzen der Watte- und Kosmetikstäbchen abschneiden. Die Wattestäbchen als Nasen, die ovalen Kosmetikstäbchen als Ohren aufkleben. Die Augenpunkte mit Weiß setzen. Trocknen lassen, dann schwarze Augenmittelpunkte auftragen. Mund und Zähne aufmalen.

3. Die Flügel aus Tonkarton schneiden. Die gestrichelten Linien falzen. Die Flügel knicken und mit den Klebelaschen an die Töpfe kleben. Zum Schluss die Schleifen aus Tonpapier stanzen und aufkleben.

- *Stickgarn in Schwarz, Weiß*
- *Spitze Sticknadel*
- *Transparentpapier*
- *Bleistift, Lineal*
- *Tonkarton in Schwarz, Hellrot, Weiß*
- *Tonpapier in Schwarz, Hellrot*
- *Feinliner in Schwarz*
- *Motivlocher „Große Schleife"*
- *Kraftkleber, Schere*

Vorlage 8, Bogen A

Impressum

Entwürfe und Realisation: Petra Boniberger
Lektorat: Clemens Glade
Fotos und Styling: Fotostudio Oswald, 79739 Schwörstadt, www.visuelle-medien.de
Umschlaggestaltung: Isabell Rinner
Layout und Produktion: buchkonzept@web.de
Entwurf und Illustration „Klipp-Klapper": Stefan Hagen
Druck und Verarbeitung: J. P. Himmer, Augsburg

ISBN 3-89858-364-3

2. Auflage 2004

Autorin und Verlag haben alle Angaben und Anleitungen mit größtmöglicher Sorgfalt zusammengestellt. Dennoch kann bei Fehlern keinerlei Haftung für direkte oder indirekte Folgen übernommen werden.

Herstellerverzeichnis:

Farben und Lacke:
Marabuwerke GmbH & Co.
Asperger Straße 4
71732 Tamm

Hobby- und Bastelbedarf:
Rayher Hobbykunst, Heyda-Werke, Uhu, über Hobby- und Bastelfachhandel

Farbauswahl **Marabu-Decormatt**

222 Vanille	020 Zitron	221 Mango	021 Mittelgelb	224 Pfirsich	013 Orange	038 Zinnoberrot hell	031 Scharlachrot
032 Karminrot	043 Rotwein	029 Hautfarbe	231 Wildrose	237 Zartrosa	238 Altrosa	002 Purpurrosa	050 Violett rötl.
051 Violett dkl.	089 Krokus	235 Flieder	291 Arktis	292 Zartblau	095 Azurblau	052 Mittelblau	055 Ultramarin-Oblau dkl.
053 Dunkelblau	260 Taubenblau, hell	059 Bayrischblau	259 Antikblau	099 Türkisblau dkl.	262 Zarttürkis	097 Blaugrün	066 Gelbgrün
276 Schilf	065 Olivgrün	075 Tannengrün	277 Mistel	266 Antikgrün	247 Beige	245 Milchkaffee	028 Gelbocker
040 Mittelbraun	045 Dunkelbraun	278 Hellgrau	271 Elfenbein	070 Weiß	073 Schwarz		
733 Metallic-Rosa	750 Metallic-Violett	752 Metallic-Blau	767 Metallic-Grün	772 Metallic-Anthrazit	782 Metallic-Silber	784 Metallic-Gold	787 Metallic-Kupfer